おっとり長男　もっちり次男

きょうだい観察手帳

tomekko

はじめに

はじめまして。tomekkoと申します。

真逆な性格の2人の男の子に日々育てられているアラフォー主婦です。

長男が3歳になるまではワーキングマザーでした。

慣れない育児のプレッシャーから逃げるように復職し、罪悪感に押しつぶされそうになりながら、日々を回すことに精いっぱいだった2年間。

そんな毎日のなか、写真には残せない事件やシーンを、夜中のわずかな自分時間を使ってイラストにし、説明をつけて当時はFacebookで知り合いに公開してみました。

すると思わぬ反響があり、あきらめていた淡い夢をよみがえらせてくれました。そういえばワタシ、小さいころから絵を描くのが好きだったなぁ。

厳しく保守的な両親に猛反対されてあきらめた絵の道。
自分でもどうせ無理だとわかっていても、描くことはやめられなくて。

そんなワタシの夢を笑い飛ばすことなく、むしろ背中を押してくれた夫。
経験もツテもないのに会社を退職して、いきなりライター・イラストレーターになってしまったんです。

次男出産後には、ほぼ日手帳に描いた絵日記を、息ぬきもかねてInstagramで公開し始めました。

すると、あっというまに驚くほど多くの方がフォローしてくださるようになり、今にいたります。人生って、何が起きるか本当にわかりません。

この本では、次男の生後3ヵ月ごろ〜1歳半ごろまで、長男は4〜5歳の約1年間をまとめていただきました。
絵日記は、テーマ・シーン別に展開しているので、時系列のインスタとは、また違った楽しみ方をしていただけると思います。

この絵日記ははやりのインスタ映えとはほど遠い、きっとどのご家庭でも起こっている育児あるあるやちょっとした事件、ビッグベビーの悩みなど…要は、道に落ちてる小石ほどの日常です。

でも、その小石のひとつひとつが、かけがえのないいとしさで輝いていて、わが家に笑顔と幸せをもたらしてくれる宝物になっています。
この本を手にとってくださったみなさんにとっても、そうですよね？

あーあるある、ぷぷっ…と、この本を読んで、ほんのひとときでも笑顔になっていただけたら幸いです。

contents

はじめに…2

tomekko家の人々（家族紹介）…6

夫婦のなれそめ…7

出産エピソード〜おっとり長男編〜…8

出産エピソード〜もっちり次男編〜…10

長男・次男 妊娠中のトラブルまとめ…12

CHAPTER1
もっちり次男の武勇伝…13

CHAPTER2
きょうだいの不思議…25

CHAPTER3
食欲魔人 次男…41

CHAPTER4
育児あるある…61

CHAPTER5
バスタイムはネタの宝庫…81

CHAPTER6
おっとり長男語録…95

CHAPTER7
わが家の事件簿…113

CHAPTER8
母の妄想コレクション…135

CHAPTER9
駆け抜けた赤子時代…149
〜永久保存版〜

Column
- ①ワーママ時代…24
- ②きょうだい未来予想図…40
- ③もっちり次男の喃語…60
- ④父とおっとり長男…80
- ⑤ワンオペ育児…94
- ⑥夫の言い分…112
- ⑦イベントセレクション上半期…134
- ⑧イベントセレクション下半期…148

tomekkoの絵日記ワンポイントレッスン…172
あとがき…174

父

心はイクメンだけど、忙しすぎていつも寝不足。日々なにかとネタにされても、けっして怒らない仙人のような人。ただ、おにぎりにはうるさい。

母 (tomekko)

嫌いなものは家事と虫と言いきるキャパ狭小な男子母。きょうだいのなにげない日々を、絵日記に描くのが至上の楽しみ。

2016ver.
2017ver.

長男

0歳ver.

4〜5歳。おっとりやさしい生真面目なピュアボーイ。平和主義だけど、カブトムシや恐竜の戦いを見るのは好き。ときどきロマンティックが止まらなくなる。弟に振り回されがち。

次男

1歳ver.

でちでちでち

0〜1歳。
ビッグベビー枠出身。近所の子どもたちから「ふとももさん」と呼ばれていた時期も。兄とは真逆な性格で、ワンパクだけど変なところでチキン。何でも兄と同等じゃなきゃイヤ。母乳を吸い尽くしたあとは、とんでもない量を食べる食欲魔人。

tomekko家の人々

※子どもたちの年齢は、この本に登場している期間です。

夫婦のなれそめ 〜出会いから結婚まで〜

同性の親友なら、お互い結婚しても年をとっても気兼ねなく会える。でも、異性となると話は別。相手に恋人ができたら、やっぱり距離を置くし、結婚なんてしちゃったらもう気楽に連絡もとれません。だったら家族になっちゃおう、というのがわが家の始まりです。

出産エピソード 〜おっとり長男編〜

長男・次男 妊娠中のトラブルまとめ

妊娠中のマイナートラブル、下半身のガタガタぐあいにはショックでした。マタニティヨガや骨盤ベルトで産前産後ケアもしたけど、2人目はよりひどくなって老化を実感。足腰を鍛える運動習慣とともに内側の骨盤底筋も強化して、今から寝たきり予防しなくては！

CHAPTER
1

もっちり次男の武勇伝

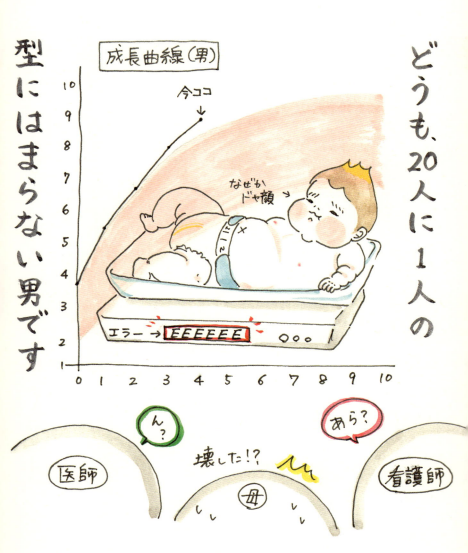

CHAPTER 1 もっちり次男の武勇伝

4ヵ月健診に行ってきました。==体重は、なんと8730g。==

もはや、グラム単位で見る意味を感じない重さ。

乳児用の体重計に入りきらず、しばらくエラー値が出て、わが子の破壊力に驚愕…。

大人たちがあわてふためく姿を、本人は偉そうな態度でほほえみながら見下ろしていました。

もちろん成長曲線は、3ヵ月あたりから平均より安定のオーバー！

お医者さんに聞いたら、==20人に1人は必ず上か下にオーバーするもの==だとか。

気にしなくていいと言われたけど、仮に気にしろと言われても母乳の量は調整できないもんね。

#4ヵ月
#20人に1人の逸材
#たいしたことないな
#ドヤァ
#型にはまらない男

抱っこ中、8kg超えの重さで、急に反り返られると<mark>母体に危険を感じます！</mark>
動くものをつい目で追ってしまうため、彼の好奇心を刺激するものの急な登場を警戒してつねに気が抜けません。

#4ヵ月　#反り返りテロ　#肩が抜けます　#手首が逝きます
#巨大カジキと戦うアニキの気持ち　#長男気を引くのヤメロ

そんなビッグベビーを抱っこする方へのアドバイス！
初めて次男を抱く方へは、イメージしやすいよう
このような忠告をしております。
<mark>びしょぬれのつきたてホカホカの餅</mark>を、
臼から取り上げる感じで！（やったことないけど）

#5ヵ月　#腰とひざに覚悟を　#かけ声推奨　#抱き上げたあとも粘ります　#油断禁物

やっぱずっと思ってたんじゃん

センセそれ針届いてます…?
脂肪がジャマしてるんじゃ…

お、泣かないねーエライねー

ボソッ
しっかし何回見てもおっきいよなぁ…

CHAPTER 1　もっちり次男の武勇伝

BCGの予防接種をしてきました。

この病院に行くようになって5回目にして、ついに先生の本音がポロリ。

そして、あんなにたくさんの針が刺さっているのに、次男はわれ関せずな面持ちで微動だにせず。

長男も注射でそんなに泣かないタイプだったけど（少なくとも赤ちゃんのころは）、さすがにBCGは泣いたよ…

「やっぱ、デッカイだけじゃないな〜！」と、先生にフォローされました。

ちなみに、この横向き縦抱っこで立ち上がろうとして、偏った重心に耐えられずよろけて危うく取り落としそうになったのはいうまでもありません。

#6ヵ月
#百戦錬磨の小児科医にすら驚かれるデカさ
#たぶん痛覚まで針達してない
#それかやっぱりちぎりパン

じゃあこの子、どこに座らせろと

日中どこに座らせるのか問題。
まだ完全に腰は座らないけど、離乳食も始まったし大好きな兄と遊ぶ姿も見たいし、どこかに座らせてあげたい。
ということで、伝家の宝刀『バ○ボさん』を出してみた。
置いてみた。入らなかった（想定内）。
でも、まさかここまで完全に浮いてる状態になるとは…

CHAPTER 1 もっちり次男の武勇伝

清〇宏保もびっくり

<mark>やや不便な原因は、この太もも。</mark>
かつて長野五輪で市販のパンツでは太ももが入らないと
インタビューで答えていた、あのスピードスケート
選手をほうふつとさせます。

#6ヵ月　#不憫　#浮いてる　#冬季五輪めざすか　#これが全部筋肉ならね

ビッグベビーのねむねむ攻撃は本気で身の危険が

ごおおお

ちょちょちょタンマッ!!

ヒィィィィ

図解

勢いをつけて…

ビターン!

顔から

10.5kg

くり返す

CHAPTER 1 もっちり次男の武勇伝

眠気MAXでナチュラルハイになった、次男の==お祈り風テロがかなり危険！==

万歳で反り返り、ゆっくりためて〜顔からダイブ！！

危険は感じているらしく、基本はふとんの上でしかやらないんですが、==母はふとんと同等の扱いらしい。==

座っていれば「ひざ」に、横になっていれば「腹」に、繰り返しこの攻撃をニヤニヤしながらしかけられています。

ねえ、気づいてる？　==あんた米袋より重いんだよ？==

遠心力のついた10.5kgが、腹に落ちてくる恐怖をご想像ください…。それも何度も…何度でも…。

#1歳
#取り壊される古い建物の気持ち
#鉄球ドーン
#恐怖しかない
#ねむねむテロ

Column1 ワーママ時代

全部に一生懸命で全部中途半端だった

毎日号泣する長男をなだめる余裕もなく引きずるように保育園へ。

自分主催の会議も途中退席して帰宅。トラブルはその後起こる。

電車の中でも走りたいぐらい猛ダッシュでお迎えに。

このままじゃダメだ…と気づかせてくれた長男の訴え。退職を決意しました。

初めての育児で自己肯定感が地に落ちたワタシは、時短正社員として育休復帰。でも、頑張るほどに会社にも家族にも罪悪感は増すばかり。長男の態度と夫からの「幸せは電卓たたいても計算できない」という言葉に背中を押されて退職。幸せの定義は、人それぞれですね。

CHAPTER 2

きょうだいの不思議

このきょうだいのツボが よくわからない

爆笑
兄の腹巻き
弟のオムツ
カッカッカッカッ
ひゃひゃひゃひゃ
みて〜おかーさん
なんでもいいけど
はよ
着がえ
ようよ…
朝から酔っぱらいに絡まれてる気分

家事をしていたら、寝室からきょうだいの爆笑の声が！
見に行ってみると、「兄の腹巻きをかぶせられた弟」と「弟のオムツを頭にのせた兄」が並んで超楽しそうにしていました。
たしかに、ターバンを巻いている風の次男はちょっとかわいかったけど…。

#4歳　#6ヵ月　#仲よきことは美しき(?)かな　#とりあえず兄がいれば楽しい弟

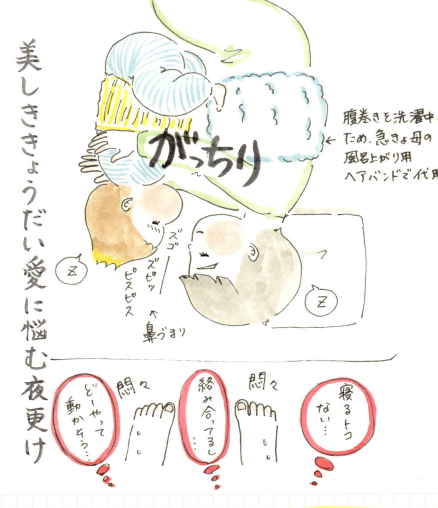

この光景を見て、一瞬ほっこりしたあと、悶々と悩む寝るとこ問題。眠っているあいだも、目には見えないきょうだいの絆で結ばれているのでしょうか。2人を引きはがして寝ても、気づけば私の足もとに頭があったり、ひざの上に乗られていたり…。母がぐっすり寝られる日はまだまだ遠そうです。

#4歳　#8ヵ月　#きょうだい愛　#寝ぞうフリースタイル　#川の字にはならない

後ろからでもわかる
きょうだい勢力図

もーっ今ぬりえしてるの！
次男くん
やーめーて
ジャーマー
しーなーいーで!!
→声は大きいが…

そーっと
ぐいぐい

↑つかまり立ち

↑次男を倒さないようにそーっと押している

CHAPTER 2 きょうだいの不思議

長男が、最近ハマっているぬり絵やワークなどを
子ども机でやり出すと、==かならず邪魔しに現れる弟==。

特に、兄の使っているクレヨンがほしくてたまらない！

なめても大丈夫な赤ちゃん用のクレヨンを出しても
見向きもせず。

==どうしても、「兄が手にしているモノ」がほしいようです。==

一方長男は、まだつかまり立ちの弟が転ばないように、
けっしてつきとばしたりはしません。

ということで、4歳差でも気持ちの問題で==勢力図は完全に弟の天下==です…。

#5歳
#11ヵ月
#勢力図
#やさしい兄
#遠慮という文字は辞書にない弟
#グイグイいく
#おまえのものは俺のもの俺のものは俺のもの
#兄半ベソ
#下剋上

CHAPTER 2 きょうだいの不思議

兄がテレビを見るときに座っている椅子に、どうも憧れていたらしい。

自分で椅子に登れたときはものすごいドヤ顔で、

兄がそこに座っていても、意に介さず乗り上げます。

一応、バ○ボを用意してあるものの、目もくれず。

むしろ、踏み台に使い、兄のひざの上に。

いや、なんならそこに兄がいることなど気にもしていないようす。

長男も最初こそ抵抗したものの、そのうちあきらめ、ずっしり座る弟のすきまからテレビを見ることに…。

#5歳
#1歳
#妖怪子泣きじ次男
#どんどん重くなります
#何度直しても
#気づくと戻っている
#怪奇現象かも

謝り方が軽いうえに笑いを誘う

さーせん、さーせん

コレでいーすかね

あなたもそのアニメに取り憑かれてますよ

たぶん次男くんは妖怪一旦ゴメンに取り憑かれてるよ！

← 半笑いだし

ふがふっ → 異音

↑ モノを投げて叱られている

笑ってはいかん 笑っては…

ぷぷっ

CHAPTER 2 きょうだいの不思議

「謝る」という技(芸?)を覚えた次男ですが、そのしぐさがどう見ても軽い!

ナチュラルに笑いを誘ってくるのです。笑わないように耐えながら、悪いことは悪いと教えるのって大変!

わざと物を投げたり、大きな音を出したり…と悪知恵がついてきたので、注意するシーンがふえました。

叱られているムードに気づくと、とりあえず頭をペコペコ。

大きな頭を上から下へと一気に揺らすためか、
下向いたときに必ず「フンガッ」という異音が聞こえます。

のどが圧迫されて息が漏れてるのだと思いますが、
毎回コミカルな音を響かせるのは、ズルい!!

#5歳
#1歳2ヵ月
#謝罪の王様
#謝ること自体を楽しんでいる
#笑ってはいけない
#反省ゼロ

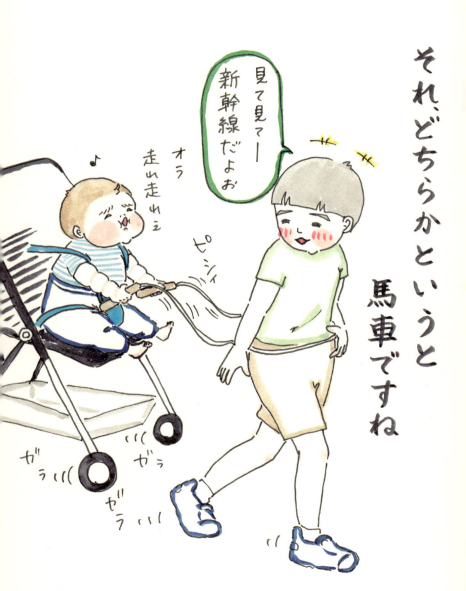

CHAPTER 2 きょうだいの不思議

公園になわとびを持っていったら、結果的にこういう遊びに。

弟に持ち手を持たせて電車ごっこを始めたものの、次男は手首をしならせ、どう見ても馬に鞭打つ御者。

いつも長男の予定につきあわされてばかりで、外でもベビーカーに乗せられていることの多い次男。

砂利だらけの公園でのずりばい祭は避けたいので、降ろしてあげられなくて。

4歳差だとなかなかいっしょに遊べないと思っていましたが、うまいこと考えて2人とも楽しそうでした。

結局、なわとびとしてはほとんど使わなかったけど…。

#5歳
#1歳2ヵ月
#なわとび
#馬車
#御者と馬
#勢力図

カブトムシの羽化以来、1日3回ベランダでカブトムシのお世話をしている<mark>律儀な長男</mark>。そして、<mark>それを邪魔する次男の後ろ姿を眺めるのが最近の癒し</mark>。萌えポイントは以下の通り。①長男のぼんのくぼ。②ない首を伸ばして覗きこんでる次男。③兄の背中にしがみついてる片手。④みちみちの肉感が増す太もも。

#5歳 #1歳4ヵ月
#カブトムシ祭り #カブトムシ #クワガタ #男子の夏は始ったばかり

これだけ毎日見ているんだから余裕だろうと思った夫が、次男にカブトムシをさわらせようとするとこの反応(笑)。どうやら兄の背中越しに眺めるならいいけど、自分でつかむとかはありえなかったようです。

#1歳4ヵ月　#撮れた写真が本当にこんな顔　#いつもの強気はどこへやら　#ヘタレ
#ダイジョブデース　#あけっこうでーす　#ボク見る専門　#nothankyou

見事に真逆な2人の将来像を妄想するのが楽しみのひとつ。いつのまにかキャラがひっくり返ってもおもしろいな。でも、ひとりっ子のワタシとしては、年をとっても離れて暮らしても、きょうだいの絆がお互いを補いあって生きていってくれることが何よりの願いです。

CHAPTER 3

食欲魔人 次男

かつてないお気に入りを発見

そこは
にんじん
でしょう
がああ

ゴチ

わあおおおお

→じゃがいも

CHAPTER 3 食欲魔人次男

食べ物だったら何でもおいしくいただく次男が、
一度だけ発狂した==にんじん偏愛事件==。

ほかの具材がスプーンにのると==のけ反って拒絶==し、
にんじんを出すとケロリとしてニコニコもぐもぐ。

残量チェッカーは家族のお皿にも及ぶようになり、その場にいる全員が==にんじんをあわてて平らげる==ことに。

以前帰省時に、「この子断らないわねぇ」と義母が感心していましたが、初めて断った貴重な瞬間でした。

ただし、翌日からは特ににんじんに偏ることなく、何でもおいしくいただく次男に戻りました。

この日のにんじん、よっぽど甘く煮えてたのかな。

#11ヵ月
#にんじん狂
#偏愛
#残ったじゃがいもは
#スタッフがおいしくいただきました

最近の悩みは、次男がつねに中腰または立ち上がって食卓をくまなくチェックし、自分の口に入っていないものを見つけると、ビシっと指さし要求してくること。そのようすはまるで夏のプールの監視員のよう。鋭い視線がテーブルじゅうに行きわたっております。

食卓監視員の指摘で<mark>ごはんが終われない事件</mark>が多発するので、食べ物を次男の見える位置に置かないように要注意。最近は、バナナとパンが入っているカゴにクロスをかけてるんですが、それもいよいよ見破られ始めています。

#11ヵ月　#食卓監視員　#基本中腰　#食べるまで絶対納得しない

保育園の給食体験をしてきました。

普段はご飯もおかずもひとつの器で、どんぶり飯状態があたりまえの次男。

一品ずつていねいに盛りつけられたお膳を前に、なんだか神妙な面持ち。

魚ってモソモソして食べにくいとか、ほうれんそうってなんかいやかも…みたいな反応が一皿ごとに見てとれて、だんだん美味しんぼの海原雄山のような表情に。

こんなに味にうるさい反応をしたのは意外でした。

ちなみに、配膳を待つあいだは眠かったらしく、真顔で手を組みじっと一点を見つめており、

母はいきなり社長に呼び出されて、訓示を受ける新入社員のような気分でした。

#8ヵ月
#どんぶり飯しか食べたことない
#海原雄山先生
#待ち時間は社長風

==ごはんを簡単には終わらせてくれない次男==ですが、
満腹になると今度は余韻を楽しむ時間に。

空いたお皿とスプーンで、母がご飯をとり分けたり、
具をつぶして混ぜたりしているようすを再現。

とても幸せそうにしています。

かれこれ10分、20分経過。もうかたづけ終わっちゃったんですけど?

食にかける時間が1日の半分以上だったという、==古代ローマ人==は言いすぎですが、

暇さえあれば黙々とコレをやっています。

#11ヵ月
#古代ローマ風
#余韻を楽しむ
#おままごと
#平たい顔族だけどな
#幸せな時間
#これやってるあいだは平和

とにかくマイペースな長男と、誰よりも食に貪欲な次男のデザートタイムは、完全に次男の一方的な侵略。速攻で食べ終えた次男は、チェアから身を乗り出して兄の皿を狙います。最近では届かないなら道具を使うという、人類への進化を遂げています。母は食事もそこそこに国境を守ります。

#5歳　#1歳　#侵略次男　#平和ボケ長男
#母は国境警備隊　#母の口には入らないデザート　#おかしいな　#なんで体重ふえてるの

そんなワケで ゆっくり自分のごはんが食べられません。次男の侵略は母にまで及ぶので、どうにか自分の皿を守りながら食べる努力をしていたら、いつのまにか見なくても殺気を察知して手が出るように。なにげなくやっていたら、夫が「スゴイ！」とおののいていました。

#1歳1ヵ月　#秘技　#次男返し　#少林寺拳法風　#心の目で見るんだ　#考えるな感じろ

CHAPTER 3 食欲魔人 次男

子どもたちが大好きな夏のお助け食材、「とうもろこし」が実家から届きました。

遠州名産の甘々娘(かんかんむすめ)は、ホントに甘くておいしい品種。

夕飯のデザートに出してみたところ、夢中でモシャモシャしてくれ、

食卓が平和な静寂に包まれました。

かにを食べてるときぐらい静かだわ(笑)。

ちなみに、食欲魔人のポテンシャルは高く、初めて食べるとは思えない手さばきでかじりついていました。

食べこぼしを集めてひと口分！というオマケまでね。

#5歳
#1歳3ヵ月
#とうもろこし
#夏のごはんタイム
#救世主
#主菜にも
#デザートにも
#おやつにも

気づいたら
隣のデザートに並んでた(恥)

全員が人見知りな上の子たちもだんだん仲良くなりました

パトロールだっ

てるてる

ゼリー
あーん
←この子のママ

最後尾？
ここ

コレッ
母

CHAPTER 3 食欲魔人次男

次男と同日に生まれた産院のお友達※フルムーンベイビーズ とピクニック。

お弁当も手作りしなかったうえに、デザートも忘れたダメ母のせいで、

お友達がゼリーを食べさせてもらっている後ろに、順番待ちのように並んでいた次男なのでした。

そのあとも、次男は各テーブルを回って客の反応を確かめる料理長のごとく、

みんなのお弁当をチェックして回っていました。

※フルムーンベイビーズとは…
満月効果（？）か1日で6人生まれた産院仲間。そのなかで、ワタシは最後に出産したため、部屋がたりず分娩室で一晩過ごすという、悪夢を経験することになったのでした…。（P11参照）

#5歳
#1歳3ヵ月
#ここ最後尾？
#まだ？
#順番待ち
#待てる子
#成長はうれしいが
#母は恥ずかしい
#覗きこむな

テーブルの上にあるものを==ことごとく下に落として、はじめて「ごちそうさま」==だと思ってる次男。

パンくずならいいんですよ。コードレス掃除機を買ってよかったと実感できる瞬間に感謝。

一度踏むと、どこまでも地獄なご飯粒。汁ものやカレーはラグが再起不能になるので、本当にやめてほしい。

神経質なんだかガサツなんだか、さっぱりわかりません。

ごはんを食べ終わると同時に次男の手が届く範囲から、

==すべての皿とマットを避難させないとえらいことに。==

いつも警戒してるんですが、ちょっと目を離した隙にやられるんだよなぁ、これが…

#5歳
#1歳3ヵ月
#大変迷惑しております
#本人は満足顔
#ごちそうさま

食欲魔人 次男

デザートを食べると、==最後のひと口だけは飲みこまず、だいぶ長いこと大事に余韻を楽しんでいる次男。==

半分に切った大粒の巨峰に出会って以来、この時間が至福のひとときといったようすです。

まるでワインを口の中で転がすツウのよう。

そういえばコレ、長男も同じくらいのときによくやってたなぁ。

チーズを1時間ぐらい飲みこまず、最後は転んだ拍子に床にまき散らすという地獄絵図になった思い出が。

革のソファにしなだれかかりながら、「んふんふ」

ご機嫌に笑っている次男を見るとハラハラします。

#1歳4ヵ月
#頬袋
#余韻を楽しむ
#シロップのお薬まで
#ためこむのやめよう

Column9 もっちり次男の喃語

次男語（1歳7ヵ月）は一文字入魂

	次男語	意味
	っこ [ko]	抱っこしろ
	っち [tʃ]	熱いわ
	すぃ [θi]	気に入ったもっとよこせ
	く [k]	履かせろ

わりと言葉は早かった長男にくらべ、周りが察してあげるせいか次男は基本1文字入魂。豊かな表情とジェスチャーで要求を通していく次男を見ていると、言葉の通じない国でもやっていけちゃうグローバルなポテンシャルを感じます。（ルー語が精いっぱいな母）

CHAPTER 4

育児あるある

じっと手を見る。

見よ
この肉づき
色ツヤ・質感
このクオリティーならば
ちぎりパンとしても
やっていけよう
さっそく商品化に
かかれ

CHAPTER 4 育児あるある

生後3ヵ月をむかえた次男。

体重は怖くて量ってません。

最近の彼は、ハンドリガードってやつですか、
自分の腕をほれぼれと眺めては商品化を真剣に検討中。

脂肪たっぷり、まっ白でふわふわなところは
たしかにちぎりパンそっくり。

ただ、違うところは握りしめているのがクリームじゃなくてゴミであること。

あとは、パンの溝は焼き目じゃなくてアカがたまっていることくらいでしょうか。

あ、あとしっとりというか、ベタっとしてますね。

うーん、おいしくなさそう。

#3ヵ月
#ハンドリガード
#ちぎりパン
#ミシュランの白いキャラでもやっていけるよ
#じっと手を見る
#一握の砂じゃなくて握ってるのはゴミ
#このグーがなかなか開けない

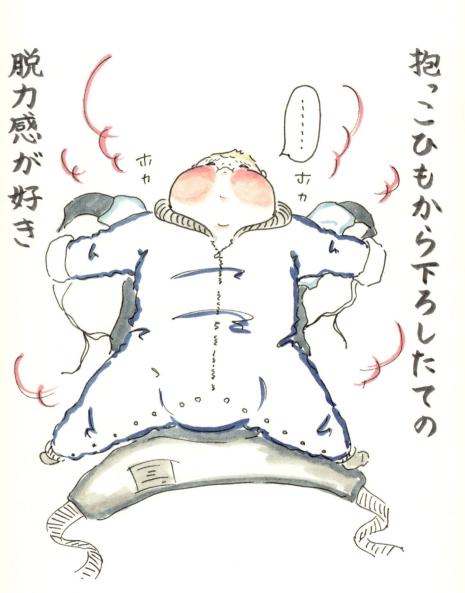

冬場のお出かけは手先、足先までしっかり包まれた、全身ダウンのアウターが必需品。

そんなぬくぬくのアウターに包まれているからか、

抱っこひもの中で寝ていなくても、帰宅して下ろすとしばらくこんな感じに==大の字で放心==しています。

少し時間が経つとくるりと寝返って活動し始めるんだけど、==それまでの数十秒の気だるい感じがなんか好き。==

きっと、どうしても抜け出せない、寒い朝の羽毛ふとんのような気持ちよさなんだろうなぁ。

解放されたわが子が現実に戻るようすを、いつも==ニマニマしながら眺めている変態母==なのでした。

\#10ヵ月
\#抱っこひもあるある
\#冬のお出かけ帰り
\#脱力系
\#大の字
\#ほかほか

機嫌がよければひとり遊びが得意な次男。やわらかいボールをよいしょと抱えてずりばいしながら、好きなところへせっせと運んでいたりします。その姿が、冬に備えて食料を運んでいるリス（太め）か、人間に見られてることに気づいていない妖精さんのように見える親バカです。

#9ヵ月 #ずりばい #運搬中 #冬支度

そんなわが家のリスさん、物を運ぶのに飽きたらず、ふたつきの入れ物を見つけるといろんな物をせっせと蓄えてくれます。炊飯器はまだいいとして、リモコンを捨てる前に気づいたのは危機一髪!!

#1歳　#リスさんよ　#必需品はやめて　#ソファのすきまも危険　#お金詰められてた

CHAPTER 4 育児あるある

どんなに通せんぼしても、めざす目標があれば
あきらめず正面突破を試みる。

顔さえ通れば行ける！と本能的に知っているあたり、
猫みたい。

特に、さわってほしくないモノがあるゾーンへの執着
がすごい。

ゴミとか、掃除しにくいエリアとか、風呂とかトイレ
とか…。

これが自分の家ならモノをどかして、床置きをやめて
整理収納を見直すチャンス。

でも年末年始、帰省中の実家、夫の実家では勝手に
動かせないものも多く、次男の探検に辟易しました…。

#10ヵ月
#ダメなところほどさわりたい
#前世は猫
#顔さえ通れば
#狭いところ好き

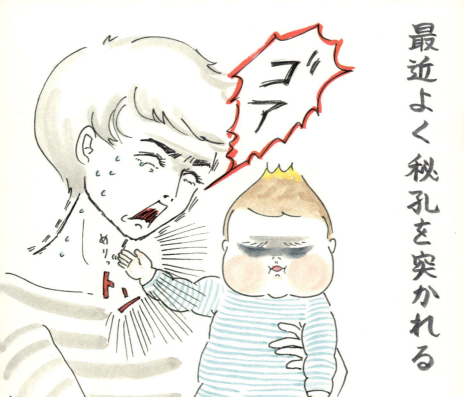

最近よく秘孔を突かれる

本能的なのか、赤ちゃんって目とのど笛を狙ってきませんか？最近は平手打ちもされるし、髪は引っぱられるし、なんだか虐げられている母です。しかも、真顔ってとこに、ラスボスの風格を見るのはワタシだけ？

#8ヵ月　#お前はもう死んでいる　#北斗の次男　#ちぎりパンが筋肉に見えてきた

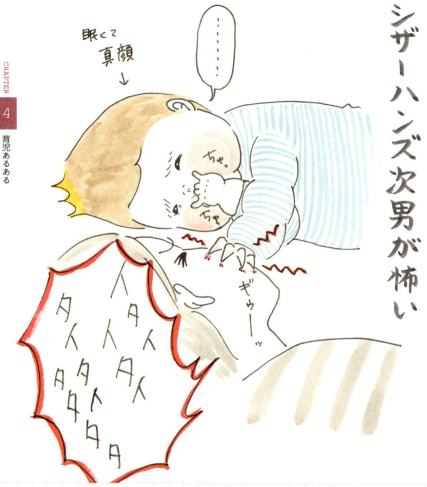

シザーハンズ次男が怖い

真顔の攻撃でいちばんの恐怖がコレ。ほんっとに痛いんです。<mark>痛がるのをおもしろがってる</mark>ってわかってるんだけど、やっぱり叫んでしまう…。爪は切っても切っても鋭利。油断してる寝落ち前とかにおもむろにやられると…以下略。

#9ヵ月　#また顔に穴開いた　#シザーハンズ

赤ちゃんの握力って意外に強いですよね。

おまけに細い指に絡んだおもちゃがなかなかとれない。

結果、==お気に入りのおもちゃを握ったまま授乳==することになり、ただでさえ重いのに、さらに無理が…。

これ、==反対の乳に変えると今度は脇腹をこのボールに圧迫される==ことになります。

地味に狭まる異物のせいで、腰とか背中とかすごく痛い。

でも、絡まったおもちゃを無理にはずすと大泣きされて、それはそれでつらいのでガマン…。

ちなみに、ボール以外で絶望的なのは押すと音の鳴るおもちゃ。飲みながら寝かかったところで…

「プピ〜♪」「ギャース(泣)！！」

#4ヵ月
#お願い離して
#地味に痛い

洗濯機から巨乳が出てくることもある

まーたやっちまったー

ちーん

母乳パッドつけたまま洗濯した
↓

ぶるんっ

吸水ポリマーが実力を最大限に発揮した姿

たまにやる失敗。

はずし忘れた母乳パッドから、最近の吸水ポリマーの実力を実感。

ちなみに、オムツを洗濯しちゃった、というママ失敗談はよく聞くけど、ワタシのはちとレベルが違いますよ。

長男を初めて1人でお風呂に入れた際、オムツしたまま湯船に浸からせるという大ボケをやらかしました。

沐浴布をかけたまま、湯船に入って…

からだを洗うために、お湯から上がろうとしたらズッシリ。

この子はずいぶん重くなったね〜なんて言いながら、布をはずしてイヤーーーーー（泣）という経緯でした。

バカでしょ？

#新米ママとはいえ
#さすがにあるあるじゃないですよね
#オムツ2倍以上にふくらんだよ
#湯船の水位も下がったことでしょう
#吸水ポリマーすごいね

CHAPTER 4 育児あるある

出産するまで、赤ちゃんって甘いミルクのにおいがするものだと思ってました。

男子を産んだ初めての夏、それは間違いだったと知りました。

脂っぽくてオエッとなるのに、ついかいじゃう男脂臭。

でも、たまに男の子でもいいにおいの子に出会うと、ちょっとした敗北感。この違いは何？

そして、もう一度めぐってきたこの季節。

会う人会う人から「えっ!?まだ抱っこひもいけるの？」と、驚かれるほどビッグサイズな1歳の夏。

これが最後と思って楽しみます。

#男脂臭
#くっさぁ
#ラストスメリーサマー
#臭いのにかいでしまう
#癖になる

母の周りだけ人口密度が高い という幸せ

CHAPTER 4 育児あるある

ベタつく、暑い〜と夢の中でも叫びそうなほど、両サイドから高体温動物にベッタリくっつかれてます。

ワタシ自身が体温が高い人なのでますます暑いー。

夏に限ったことではないけど、母の周りってやたら人口密度高くないですか？

キッチンに立てば足もとにまとわりつかれ、歯みがきをしてれば洗面所に全員集合。

なんか、始終からだのどこかに子どもの存在を感じる…みたいな。

そんな幸せ。

#5歳
#1歳4ヵ月
#扇風機もきかない
#エアコンもお手上げ
#両手に湯たんぽ抱えて寝てる
#母の周りだけ
#人口密度高い
#ぎゅうぎゅう
#人生最大のモテ期
#幸せな悩み
#だが暑い　#しかし暑い

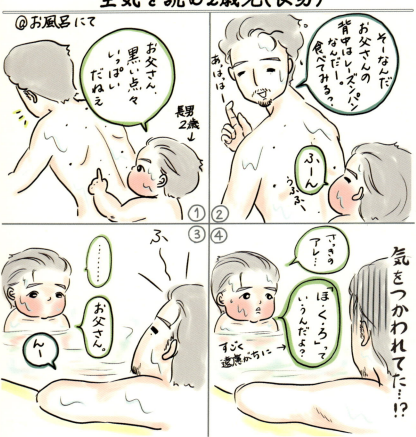

長男の穏やかさは父譲りですが、そんな父親さえも驚いた2歳児の気づかい。色白ゆえにホクロの多い夫の冗談を(大人なのにホクロを知らないんだ…傷つけないように教えてあげなきゃ!)と心配してくれたもよう。しばらく思い出し笑いが止まらない夫でした。

CHAPTER
5

バスタイムはネタの宝庫

イカを捌きながら
気を失った大将を　水揚げ

CHAPTER 5 バスタイムはネタの宝庫

休みの日は長男の予定につきあわせることが多く、なかなかうまくお昼寝ができません。

午後のお昼寝をしないまま夜を迎えると、明らかにテンションがおかしいので早く寝かせよう！と

あわてて夫にお風呂に入れてもらいました。

しばらくして呼び出しブザーが鳴り、何事かと見に行くと、目に入ってきた光景がこちら。

入るときに持ちこんだおもちゃのイカと包丁を、両手にしっかりと握りしめたまま貫禄たっぷりに爆睡。

からだをふいても、着がえさせてもピクリともせず、朝まで一度も起きずにぐっすり眠った次男でした。

#1歳
#今日のおすすめ
#イカを捌きかけのホカホカ大将
#ぷかぁ〜
#すやぁ〜
#ホカァ〜

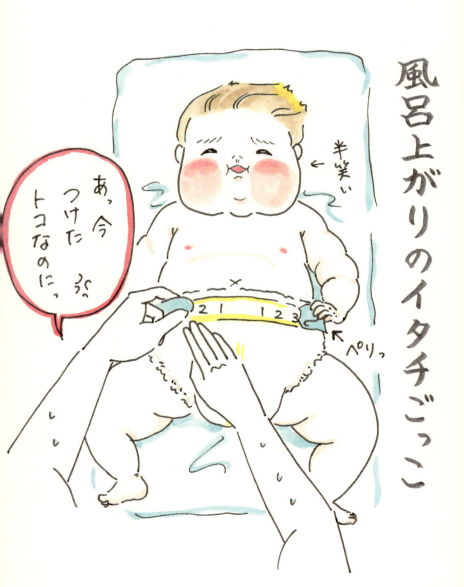

お風呂上がり、カゼを引かせないようにと子どもの対応を最優先にしています。

そんななか、次男が小バカにしたような半笑いで、やっととめたオムツのテープをはがしにかかります。

左のテープをとめていると右をはがされ、

右のテープを直していると左をはがされ…。

ビッグベビーのオムツテープをとめるのが、どれだけ大変かおわかり？

そろそろパンツタイプの出番。なんですが、規格外のおなかと太ももにサイズを合わせて選ぶと不経済。

もっと動いてスッキリしないと、パンツタイプにかえてさしあげられません！

#8ヵ月
#イタチごっこ
#絶対バカにしてる！

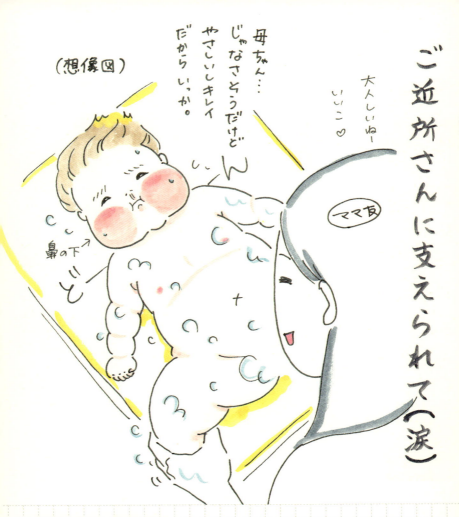

次男の重みで足を負傷したため、毎日のお風呂が目下の悩み。頼みの夫が今日は無理！という平日、同じマンションのお友達が彼女の子どもたちといっしょにお風呂に入れてくれました(涙)。次男は人見知りもせず、からだを預けていたようです。

後日彼女から聞いた話。ホッカホカのゆでたて次男が、お風呂の余韻でうっとり微動だにせず、裸のままキャスターに乗せられて退場する姿がかなりツボだったそうな。そんなシーンを想像して描いてみたところ、確かにたまらんなぁ。

#7ヵ月 　#感謝 　#鼻の下伸びてます 　#ゆでたて 　#ほっかほか 　#泊まってったっていいんだぞ

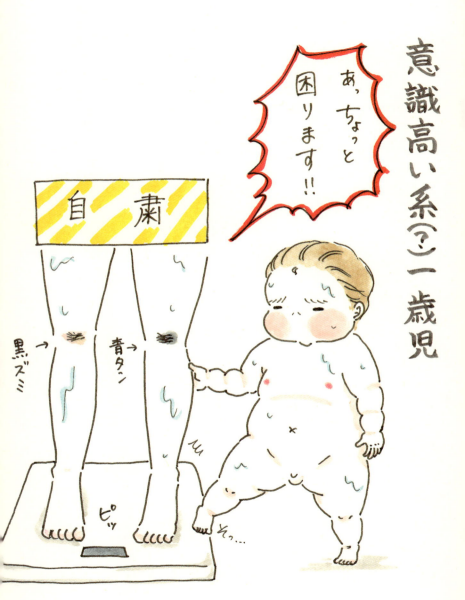

==卒乳後、食べたら食べた分だけ身になっています。==

せめて毎日体重計にだけは乗ろうと、風呂上がりに全裸で量っていると…。

それを見ていた次男が、==オレにもやらせろと相席してくるので大迷惑。==

それを見た長男がボクもと言い出し、ボケ合戦がウリのお笑いコンビ状態に。

体重を量るという行為の何がそんなに楽しいのか（母は毎回数字見るたびに落胆）。

しかし、子どもたちのつるんとまっ白なお肌とくらべて、==どんどん黒くなっていく母のひざの悲しさよ…==

#1歳3ヵ月
#体重計に相席は
#ご遠慮ください
#意識高い系
#いつのまにか青タンふえてる
#母あるある

お風呂限定で
ガーゼ人気が急上昇中

ちょっとぉ
今使ってるのぉー

ヒキーッ

なぜ…

母

CHAPTER 5 バスタイムはネタの宝庫

なぜだ！

部屋にあっても見向きもされないのに、お風呂に持ちこまれたとたん、子どもたちから大人気のガーゼさん。

水にぬらすとクラゲやヘビなど、いろんな形になる楽しさ？ そして感触？

自分も小さいころ、母や祖母といっしょによくタオルで遊んだなぁ…。

ほかにもお風呂のおもちゃはあるのに、結局、きょうだい同レベルでガーゼばかりをとり合っています。

ちなみに、長男の遊び方は「ふんどし」。
だいたいはみ出してるんですけどね。

次男は「ライブ風回し」。
ぬれたガーゼは凶器になります。やめて。

#5歳
#1歳3ヵ月
#ガーゼ
#お風呂遊び
#きょうだいゲンカ

固めの杯交わしすぎ

(母)
風呂のお湯
うやうやしく
飲まないっ

ズズッ

そーこ！
飲ーまー
せーるー
なーー

ジュルッ

どぞ
アニキ

CHAPTER 5 バスタイムはネタの宝庫

お風呂場で次男が、最近ハマっている固めの杯ごっこ。

==お風呂のお湯をそっとすくっては、ずずいとひと口。==

からだを洗ってる兄の口へもせっせと運んでいます。

このスプーン底にいくつか穴があいているので、一生懸命飲もうとしてる姿を見て

(底抜けだから飲めまい)とタカをくくっていたワタシ。

==実は穴から流れ落ちる前にすすっちゃえば、けっこうな量が飲めちゃうことに後々気づく…。==

そろそろ風呂釜洗浄しよ！

#5歳
#1歳3ヵ月
#固めの杯
#きょうだいの契り
#契らなくても元からきょうだいです
#飲むな
#飲ませるな
#漂う任侠感
#ただし太めと白め
#出るころにはおなかたぽたぽ

普段は深夜帰宅の夫が、ごくたまに定時に上がれたと連絡がくると、つい期待しちゃいます。きょうだい育児でいちばんの地獄は、お風呂の時間だから。あと1人いてくれるだけで防げるハプニングは、だいたい夫が玄関にたどり着く前に全部起きています…。

CHAPTER 6

おっとり長男語録

保育園に交流体験で訪れた中学生のお姉さんに、質問コーナーで手を挙げた長男。なぜか「好きな月の形」を聞いたそう。当の本人、別に月が好きでも、いろんな形を知ってるわけでもないのに。ときどき出てくるロマンティックは何なの？

#4歳　#年ごろのお姉さんを困らせる幼児　#ロマンティックが止まらない

ロマンティックが止まらない
長男、二〇一七年・夏

CHAPTER 6 おっとり長男語録

さて、そんな長男がこの夏も名言を残しました。わが家は山奥なので、近所の小さな川べりでホタルが見られます。川のせせらぎしか聞こえないまっ暗な森の奥で、ふわふわ光っては消えるホタルを見て、長男がこのひと言。

#5歳　#ホタルってお星さまでできてるのかな　#名言　#長男語録　#ホタル

さよならメロン
おかえり、レーズン

大丈夫、お母さんはおっぱいしぼんでてもかわいいよ

お前いい奴

CHAPTER 6 おっとり長男語録

突然ですが、卒乳することになりました。

徐々に枯れてきていた母乳。

短気で吸引力がDソン並みの次男はイライラ、乳首をガリッ!!

上の歯も生えてきて、流血したのでしかたないか…とあきらめて、突然の卒乳になったのでした。

授乳中は巨乳を謳歌していましたが、メロンはすっかりまな板のうえのレーズンに。

そして、「あー、お母さんおっぱいしぼんじゃったー」とお風呂で嘆いていたら、

長男のやさしいコメントに救われました(涙)。

#5歳
#10ヵ月
#卒乳
#さよなら私の巨乳時代
#一気に体重増加
#長男のやさしさ
#思春期まで続きますように
#反動でおっぱい星人になるかも
#母さん巨乳の彼女はお断りですよ

5歳児による具体的かつ堅実な結婚観

私たちハワイで結婚式して―― 長野でりんご作って暮らすそうね! そいで6階建てのマンションの6階に住むのよ!

じゃあー すっごくおいしいりんご作るのはどぅお?

うふふ

ねー何曜日に結婚するのー?

CHAPTER 6 おっとり長男語録

将来、本当にこういうタイプの子と結婚するんだろうなと、予想できるしっかり者な女子に、

毎日のように==プロポーズされている長男==。

ハワイで挙式して、長野でりんご農家を営むという堅実？主義な==イマドキの子どもの結婚観==。

しかも、控えめにマンション住まいかと思いきや、==一棟丸ごと買って賃貸経営==するそうです。

ちなみに、いっしょにいた同級生の男子とのやりとりもまた絶妙でした。

男子「ねぇ、何曜日に結婚するの？」
長男「えっと〜、火曜日かな（習いごとも好きなテレビもない日を選択したもよう）」
男子（食いぎみに）「お母さーん！火曜日あけといて！ハワイ行くから！」

#5歳　#りんごが不作の年も　#不動産があるから安心だねって　#どんだけ
#イマドキの結婚観　#親子代々　#夫婦共々　#5歳が人生いちばんのモテ期
#母は婚約者が3人いました　#父はバレンタインに行列ができたそうです
#今が華だぞ　#大事なことだからもう一度言います　#今が華だぞ

年中の長男の同級生には、もう乳歯が抜けている子もいるようで、それが成長の証として自慢のタネになるらしいんです。
歯が抜けることに、すごい憧れているゆえの勘違い。
あえて訂正するのをためらうおもしろさ（笑）

#5歳　#10ヵ月　#羨望のまなざし　#それにしても抜けすぎじゃない？　#勘違い

こういう<mark>生真面目な長男の勘違い</mark>、本人は必死なんだけどかわいくてたまりません。
一文字聞き間違えて、<mark>どこぞの家の子と取りかえられる恐怖の儀式を想像したのか</mark>、涙目の４歳児。
次の衣がえでも、まだトラウマを引きずってる感がありました。

#4歳　#一字違いで大違い　#こどもがえ　#4歳児のトラウマ　#聞きまつがい

CHAPTER 6 おっとり長男語録

ある日ふとんに入る直前に、自分の犯した<mark>超凡ミスに気づいてしまった長男。</mark>

保育園から帰宅後は、着がえたり、園グッズを出したりします。

その後、軽くおやつを食べてから遊ぶ(園でも食べてきてるんですけどね)と自分のなかで決めているのに、

おやつタイムをすっ飛ばして遊び始めてしまったらしい。

自分で決めたルールには、忠実にしたがう生真面目長男。

気持ちの切り替えができず、泣きながら眠りにつくことに。頬も枕もぬらしまくり。

<mark>もう一度言いますが、おやつは園で食べてから帰ってきてるんですよ。</mark>

#5歳
#11ヵ月
#凡ミス
#食べ物のうらみ
#どうでもいいことにこだわる

テレビに相づちを打つおばあちゃんよろしく律儀な長男は、ときどきテレビとお話します。
家族に蔓延した胃腸炎で両親がグロッキーななか、いち早く回復して元気な長男は、CMできれいなお姉さんからの質問に的確に答えていました。

#4歳 #9ヵ月
#あなたのカゼはどこから #鼻からくるタイプ #うんたしかに #黄色タイプだね

的確といえば月末の金曜日。忙しい夫になんとか仕事を切り上げてもらい、みんなで外食へ。お会計して帰ろうとしたそのとき、長男が突然厨房に向かって「また来ます。プレミアムフライデーに」と言いました。平日はいっしょに夕食を食べられないお父さんが帰って来た特別な日を、大いに気に入ったようです。

#5歳　#言葉のセレクト　#センスを感じる　#親バカ　#プレミアムフライデー

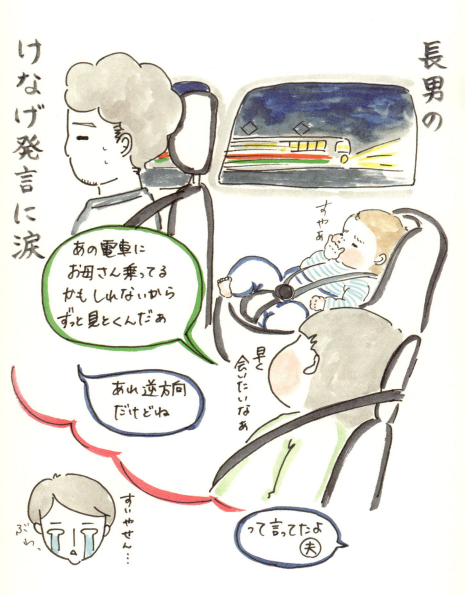

おっとり長男語録

ある週末たまたま予定が重なり、土日続けて夫に子どもたちをお願いすることに。

日曜の夜、長男が寝たあとに夫から聞いた話。

車の中でずっと長男が「お母さんに会いたいなぁ」
電車が通るたびに

「あの電車にお母さん乗って帰ってきてるかなぁ？」と言っていたらしい。

「逆方向だよ」と言っても「乗ってるかもしれないからずっと見とくの」と言って、目を離さなかったそう。

1人のお出かけって最高〜！とか浮かれてたとこに、平手打ちを食らったような衝撃でした。

毎日ガミガミ叱ってばかりの母なのに、それでもいつもいっしょにいたいって思ってくれてるんだなぁ。

#もう5歳　#まだ5歳　#けなげ　#寂しい思いさせてごめんね

CHAPTER 6 おっとり長男語録

昨年初めて飼ったカブトムシから生まれた幼虫10匹。

友達から教えてもらったり、ネットで調べたりと試行錯誤しながら、なんとかさなぎにまではしたわが家。(頑張ったのは主に夫)

しかーし！　最初に出てきた子が、羽化不全で上羽がうまく形成されずかわいそうな見た目に。

それを見た長男は、==「もしかして、やり方わかってないんじゃない？」==と思ったようです。

翌朝起きてすぐにベランダで、==カブトムシの絵本==の羽化するページを開いてさなぎたちに見せていました。

それ、彼らたぶん遺伝子レベルで知ってるかも。そして、原因はこちらの管理不行き届きです。

#5歳
#教えといたから
#ドヤ顔
#理詰めで攻めるタイプ
#本能を信じよう
#カブトムシ

大変な時間に間に合うように、周りに気をつかいながら重いPC抱えてまっすぐ帰ってきてるんですけどね。あと30分待っててくれたら手伝えるのに…妻いわく子育ては待ったなしなんだそうで。男性ももっと育児に普通に参加できる社会にしていかないと息子たちも大変だ。

CHAPTER
7

わが家の事件簿

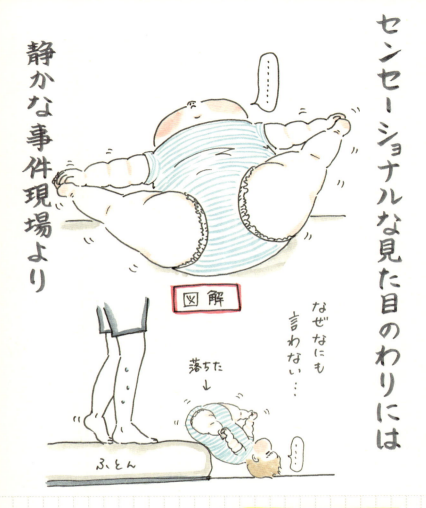

センセーショナルな見た目のわりには静かな事件現場より

下の子って、いろいろと強い！ふとんの段差から落ちるぐらいじゃ全然泣かないですね。長男のときは、そんなに目を離さなかったのですが…。最近は、動き回ってはいつのまにか落ちてます。ぱっかーんと開脚した、このポーズがどうもお気に入りらしい。これを上から見たときの衝撃たるや…。

#6ヵ月　#センセーショナル　#事件です
#悩殺ポーズで静かに落ちてる乳児　#泣かないんだね　#びっくりしたよ

CHAPTER 7 わが家の事件簿

ダメージの少ない落ち方を学んだ

そして何度も繰り返すうちに、どうやら横すべりで「そそそ〜」っとずり落ちてダメージを回避する術を身につけたようです。真顔ですべっていくその頬が、==重力に持っていかれるところ==が個人的にツボです。

#7ヵ月　#飲みこみが早い　#横すべり　#レベルアップ

長男がおばあちゃんと話したいと言うので、久々にビデオ通話にしたのですが、

なんか画面内がスゴイことに。

==いざ自分が映ると、照れてなぜか開脚を披露してしま==うう長男。

画面の自分を威嚇してみたり、ニコッとしたり表情を変えながら徐々に近づいてくる次男。

そして、スマホに不慣れな==中高年あるある==でしょうか。おばあちゃんは近すぎたり、ヤバい角度だったり…。

でも、適度な距離感を指示している自分も==けっこうホラーな角度==で映っていたりして…。

#5歳
#11ヵ月
#ビデオ通話
#カオス

靴下片方に廊下一往復

ずりばいっ子に靴下を履かせるのはなかなかの苦行。だって、後ろから近づくと大好きな『まてまて』が始まると思うらしく、大喜びで逃げる逃げる！本人は、めちゃくちゃ楽しそうですが、履かせる方は息切れ。ひざには青タンが絶えません。

エリマキトカゲを取り逃す

実母にシンパシー

ちょっと会わないうちに、高速ズリバイで動き回るようになった次男に翻弄されるおばあちゃんの図が完全にデジャビュ。風呂上がりの着がえを任せていたら、部屋からエリマキトカゲが！顔にハマったパジャマに引っぱられ、顔がやたら凛々しいのがまた笑えます。

#9ヵ月　#追いかけっこじゃないんだ　#靴下履いてほしいだけ
#両方履かせて二往復　#さらにズボンで三往復　#母のひざは青タンだらけ

CHAPTER 7 わが家の事件簿

空腹＆睡魔のＷパンチで、夕方本当につらそうな次男。

夕食準備中は、だいたいキッチンに立つ私の足もとでむせび泣いています。

冷蔵庫の野菜室に、たまたま未開封のしょうがを発見。

これなら形もおもしろいし、しばらく間がもつかなと思って持たせておきました。

静かになったので安心して料理をしていたところ、なにやらあやしい音が…。

なんと、袋の上からしょうがの突起部分に吸いついてました。

ちょうど乳首の形のとこがあったんだね、よく見つけたね、ふ、不憫すぎる！

#9ヵ月
#しょうががおしゃぶりがわり
#不憫でならない
#そうか母さんのそれくらいか

紙ふぶき一筋
その道のプロの背中

紙ふぶき作りにかけては妥協しません。ちょこんと正座して、ピンと伸びた背筋はどこかの家元のよう。うつむき加減の後ろ姿に発見したぼんのくぼとか、おっきいおしりにつぶされそうな枝豆みたいな足の指とか、後ろから見てもでっぷり出てるおなかとか。たまらんです。

#11ヵ月　#紙ふぶき職人　#作るだけじゃないんですよ　#家じゅうにちりばめるのも仕事
#これやってるあいだめちゃ静か　#赤子マニア　#後ろ姿萌え

兄のいぬ間に仕事人になる弟

持ち主の兄のいぬ間に、大事なおもちゃをドヤ顔でいじくりなめ倒す次男。1人目だったら、きっとキタナイ！とやらせなかったでしょうが、刃先をなめるようすがマフィアっぽいなぁとか思いながら、ほほえましく眺めています（笑）。特に、両足でしっかりおもちゃを握りしめてるところが好き。

#7ヵ月　#必殺仕事人　#全然仕事しなさそうだな

CHAPTER 7 わが家の事件簿

洗濯物を取りこみにベランダに出て戻ろうとしたら、
窓にほぼ顔でつかまり立ちしてる未確認生物が！

カギは開いてるのに、なんか締め出されてる感！

無理に開けたらよろけて転ぶのが目に見えてるため、

ガラス越しにニコニコしてる次男としばし見つめ合い。

勇気を出して「おとーさーん！」と叫びました。

休日でよかった…。

長男はあまりカギに興味がないのと不器用さもあって、
5歳の今でも自分で玄関を開けるときにモタモタ。

おかげでよく聞く、リアルな締め出しにはまだあった
ことがありませんが、好奇心旺盛な次男は危険な予感。

#11ヵ月
#ベランダ締め出し
#疑似体験
#ガラスに張りつく謎の生物
#顔の吸盤でからだ支えてる感じ
#はがしたらキュポンっていいそう
#マンションのベランダで叫ぶ恥ずかしさ

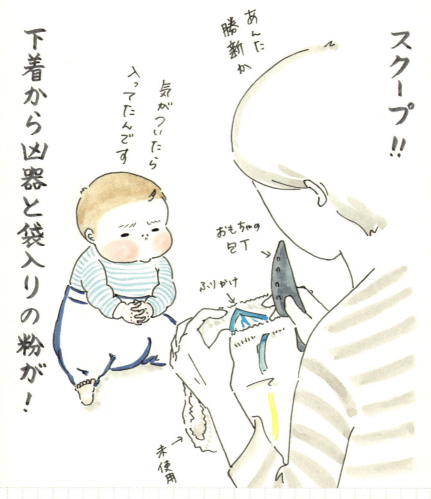

緊急速報！昨晩、次男の未使用の下着（オムツ）の中から、包丁（おもちゃ）と袋に入った粉（長男用のふりかけ）が発見されました。最近、ホント予想外のとこからいろんなものが出てきます。ちょっと静かだなと思ってようすを見ると、熱心におもちゃを入れたり出したり…こうして何かを学んでいるんでしょう。

#1歳2ヵ月　#逮捕ーーーーーーー　#スクープ　#勝新をご存じない方のために　#勝新太郎
#昭和のスター　#妻は　#中村玉緒でございまグフェフェフェフェフェフェ

白い粉事件続報。ついに、外でやっちまいました。本人の通園バッグから、まさかの出前についていたお吸いものが!!
当の犯人は、部屋から出てくると「解放された!」といわんばかりに(給食室方面に)逃走しました。今後は、出かける前のカバンの中チェックを強化します。

#1歳3ヵ月　#今回は本当に白い粉　#顔から火が出た　#犯人逃走中　#監督不行き届き

CHAPTER 7 わが家の事件簿

夜、次男は眠くなるまでは、1人で何かに集中して静かに遊んでくれてることが多くて助かります。

ソファに寄りかかって、優雅にままごとしてるなぁと思っていたところ、

振り向いたらそこにちっさい極妻が!!

ままごとの包丁を口にくわえ、腹巻きはさらしの如く。

おばあちゃんお手製のちょっと大きめなパジャマは、いつのまにやら片袖が抜けてワンショルダーに。

包丁くわえているせいで顔に力が入って、

なんだか極道の覚悟みたいなものを見た気がするのは…気のせいかな、やっぱり。

#1歳
#わてや
#覚悟しぃや
#ミニ極妻
#太め
#刺青のかわりに
#ちぎりパンを見せびらかす

朝のドタバタのなか、妙に静かだなとようすを見ると、つかまり立ちで何やらせっせと作業中の次男。長男の通園バッグの中身をすべて引っぱり出すといういたずら。「ヨィチョッ、オィチョ!」と、一生懸命な顔で小さくつぶやいているのにキュン死した母。ただ、普段は穏やかな長男でも、さすがにコレばっかりは血相を変えて飛んできました。

#5歳 #11ヵ月 #喃語 #キュン死 #鼻血ブー #かわいいから許す

出すブームもあれば、入れるブームもあるのです。実父への父の日のプレゼントに、ちょっとしたサプライズが！おもちゃの小さなボールが消えたな〜と思っていたら、どうやら実家に送った贈りものの袋にそっと入れられていたようです（笑）。出てきた親指大のボールの使い道がわからず、父はかなり戸惑っていたことでしょう。

#1歳3ヵ月　#父の日　#犯人　#もちろんこの人　#せっせと入れる

夫がお風呂の準備をしていると、次男がおもむろに夫のパンツをライブ風にブンブン振り回し始め、しならせて床にたたきつけ、最後はそっと洗濯カゴに入れていました。どうも見てないところでディスられてる感（笑）。なぜか次男は父のパンツが大好きです。

#1歳3ヵ月　#ライブ感　#回せ回せ回せ的な

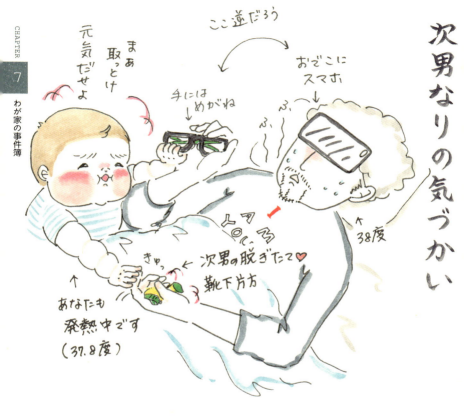

同じ発熱でも年にはかなわず、かなりつらそうな夫に対して、超元気な次男。次男なりに看病しているつもりなのか、父の寝室へ足しげく通っては、おもちゃを置いてきたりしていました。夫の話によると、目が覚めたらめがねを手に、携帯を目の上に置かれていたそうです。

#1歳4ヵ月
#置くとこ逆　#次男の脱ぎたて靴下　#そっと握らされる　#なんのオプション　#次男流看護

Instagramでときどきやってる季節の行事ごとの妄想企画。振り返ると懐かしさでいっぱいです。節分の豆をひと粒ずつ投げた長男。こどもの日に初めて歩いた次男。6月は次男がそっくりなあの妖精に。

CHAPTER 8

母の妄想コレクション

ワタシの家系の遺伝で、長男、次男ともに生まれたときから毛先が金髪。

「羊水焼け」っていうらしいんですが、平らな顔なのに髪だけキンキンでよく人から不思議がられます。

そんな次男の髪型が、いよいよファンキーを通り越してヤ〇キーになってきております。

頭頂部の天然メッシュはぐりぐり立ち上がるわ、後頭部はハゲなのにえりあしだけ気づくと伸びてるわ…

こ、これは…マズイぞ…。

ちなみに、長男のときは1年大事に伸ばした髪で胎毛筆を作ろうと業者に送ったところ、傷んでると判断され金髪部分をバッサリカットされていました。

だから、次男の髪は断髪後、そのままそっとへその緒といっしょにしまいこみましたとさ…。

#5ヵ月
#太もも上等
#パラリラパラリラ
#天然メッシュ
#親の趣味を問われる

ずりばいっ子が頑張る
お掃除モップ「ズリンバ」欲しい

丸洗いOK！
誰か開発してー？？
マイクロファイバー
おなかあったかで一石二鳥!!

よっしゃまかしとけ！

ココにも欲しい…

おもちゃ（オトリ）
ホコリ
ぐいぐい、

ずりばいをするようになって、これからの季節気になるのがおなかの冷え。

はい回ったあと、抱き上げるとおなかが冷えっひえ。

そして、ついてるほこりや糸くず…。

だから、腹巻き型のモップがあったらいいなと。

掃除しておいてほしい場所の先に、好きなおもちゃを置いておくだけ！←自動運転!! 名づけて「ズリンバ」。

くるくるっと方向転換するときの動きが、アレにかなり似てるんだよなぁ。

なんて思っていたら、海外ではこのタイプのロンパースが、すでに発売されているとかいないとか…！

さすがに買わないけどさ…

#8ヵ月
#作れそうだけど
#作らないけど
#ズリンバ

ビッグベビー、オムいちのグラビアポーズを週刊誌の表紙風に。ずりばいの途中で、追いかけてきてるかを確認しに振り向くようすがなかなか悩ましい。これが風呂上がりのオムいちだったりするとたまりまへん♡

#1歳　#プレイベビー　#プレイボーイ風　#グラビアポーズ

今月号のプレイベビー表紙は、ジム終わりのG○CKTを思わせるセクシーポーズ。オムいちにしてから、ワタシがお風呂の準備をしていると、脱衣所で「ぬ・い・じゃ・う・ゾ？♡」みたいな顔してこの立ち姿。でも待って‼ 明らかににおう…

#1歳4ヵ月　#絶対脱がないで　#袋とじ企画　#袋で閉じてもダメなヤツ　#二重にして
#ゴミの日まで耐えるヤツ　#G○CKTさんすみません

引き出しの中身は、もれなく出したい病の次男。

対策として、長男の園グッズをまとめている棚の前に、たたんだふとんを積んでいたんですね。

しかし、その山をついに制覇する日がきてしまいました。

登頂に成功した次男は、隠していた引き出しを探りあて、ハンカチを引きずり出し、

「今日はこの店貸切だ！好きなだけ飲んでくれ！」と、現金をバラまくお大尽さまのよう。

豪快なイメージで、兄のハンカチを部屋じゅうにまき散らすのでした…。

#11ヵ月
#お大尽
#大盤振る舞い
#わかりにくいたとえ
#素直に花咲かじいさんでよかったんじゃ

あんよ、ときどき宝塚

(訳) あたくしのこの手を取ってもよくってよ

んまー

切なげ

母

さぁ おいで…

ついに、2〜3歩歩いた次男。

でも、まだ自ら挑んでいくスキルも気力もないようす。

少し離れたところから、「おいで〜」と手を広げて待ってみると、

==切なそうな表情とひねりの入ったポーズのまま、1歩も動かない娘役==がそこに。

学生時代は関西暮らしで、阪急沿線だったワタシ。

電車内の広告がほぼすべて宝塚歌劇団だったのが衝撃的でした。

あずき色の扉の向こうにキラキラした顔、顔、顔！が並ぶのを、何年も見てると、妙に詳しくなるもんですね。

#1歳2ヵ月
#宝塚
#娘役
#太め
#ジェンヌ次男
#魅惑のポージング

分離したドレッシングを、シャカシャカ振ってから使っている家族の姿を見て、

オレにもやらせろと身を乗り出してきて、
G-NAN's BAR ただ今開店。

普段から、事故防止のために食器はすべてメラミンやプラスチックにしているのに、いきなりのワレモノ！

しかも、ちょっと油でヌルッとしてるし！

混ざらないかわりに、リスクの分だけおいしくなるとウワサのカクテル。

マスター…どうしよう、この胸の高鳴り！

#1歳5ヵ月
#G-NAN'sBAR
#ダイナミック
#混ざらない
#水と油
#もういいよ
#むしろやめて
#それワレモノ
#怖い怖い怖い
#カクテル
#原液のまま出す店

Column 8 イベントセレクション 下半期

七夕 色気より食い気

ハロウィン 親の自己満

みんなに幸せを クリスマス

次男がまだ4ヵ月だった七夕の願いごとに「次男くんが早く歩けますように」と書いた長男。次男のムチムチぐあいが最大級だったハロウィン。そしてクリスマスには、おっとりさんにも、わんぱくっ子にも、みんなにすてきなプレゼントが届きますように。

CHAPTER
9

駆け抜けた赤子時代
〜永久保存版〜

体重が重すぎ＆2人目のため、抱っこがレアな次男。だから、そろそろオムツかえようか〜と目の前に立つと、<mark>抱っこだと思い大興奮</mark>。「お・ね・が・い♡」ぶりっ子ポーズしながら猫のようにのどを鳴らし、<mark>ぶっといあんよをぴーんと伸ばして</mark>ハイローチェアが壊れそうな勢いでけりまくっています。

そして、実はオムツがえだと知ったときの激怒っぷりったらすさまじいですよ。プルプルしながら怒りの「むー」が出ます。違うってわかってるけど、とりあえずで握らされたおもちゃは、ついシャンシャンしちゃうんですけどね。
抱っこは大事。でも、ワタシの腰も大事…。

#6ヵ月
#機嫌がいいときずっとグルグル言ってる　#怒り方はおっさん　#ハイローチェア　#壊れます

細長いものがとにかく好きな次男。

獲物を見つけると、必ず高々と掲げてしばしうっとり。

そんな光景をよく見かけます。

そして、それがたいこのおもちゃのバチだったりすると、

最後のひと打ちの前にだいぶ間をもたせる、自己陶酔したドラマーっぽく見えてきます。

余談ですが、インスタでこの絵を投稿すると「待って、アレに似てる！！」と気づいた方がちらほら…。

そう、ミケランジェロ作『アダムの創造』でしたー。

ハイ、この場を借りてルネサンスの巨匠に謝ります。
だってうちのアダム、どう見ても肉質が正反対ですもの。

このヒト

#9ヵ月
#ドラマー
#間もたせすぎ
#YOSHIKIかな
#太め
#ルネッサンス

キッチンにゲートを置いて以来、なんとか料理中の安全は保たれて助かっています。ただ、ここでずっと見張っている次男のかわいすぎるアピールにデレデレしてるので、結局家事はたいしてはかどってません。パンスト芸のようなネット越しの顔もかわいいし、勢いよく飛び出したドヤ顔もまたたまりまへん。

#1歳 #ハニートラップ #自己責任 #いるいるばあ #だってまる見え #小悪魔め！

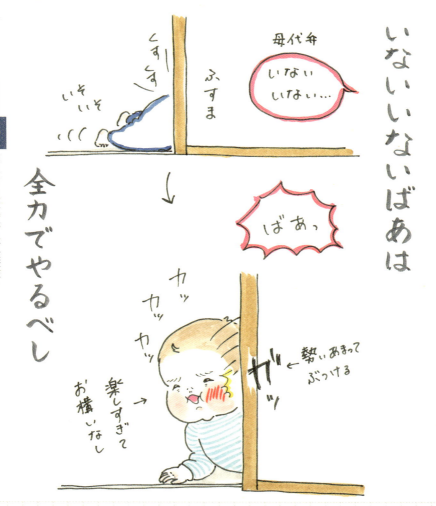

いないいなかばあが大好きな次男。先日も、お昼寝しそうだったので添い寝していたら、おもむろにふとんからはい出してふすまの向こうへ。そして、ものすごい勢いでばあっ!!ふすまに激しくほっぺをぶつけたようですが、本人は楽しすぎてまったく気にしてません。見てる方は全力すぎて引くわ。

#1歳　#いないいないばあ　#ドヤ顔　#急に始まる

バイバイが
ノーセンキュー型

ありがとー
ジざいました

イヤけっこう

次男くん
またねー
バイバイ

先生

次男のバイバイは、水平に手を振るので「私はけっこう」とお断りしてるような動きです。

しかも、なぜかバイバイのときだけ無表情なので、なんとなく失礼な雰囲気。

バイバイは最初に覚えるジェスチャーのひとつとあって、やり方もその子それぞれ。

指をキレイにそろえて顔の横でふる「皇室型」(長男はこのタイプでした)。

むしろ、近づいていっちゃいそうな「おいで、おいで型」など、どれも覚えたてはかわいいですね。

結局、バイバイなのに別れがたくなっちゃうという。

#1歳3ヵ月
#バイバイ
#ノーセンキュー
#イヤけっこう

歩くようになるまではゆっくりだったけど、いざ歩き出したらそこからの成長が早い早い。まだ身軽に走るまではいかないのですが、急いでるときの動きが<mark>カルガモの親子の最後尾のヒナ</mark>にすごく似ていて、ニヤニヤしながら眺めちゃいます。

#1歳3ヵ月　#急ぐ気持ちの分　#前に出ちゃう顔　#でちでちでち

怒りの欽ちゃん走り

ワタシと長男の2人だけで出かけると、やっぱりヤキモチを焼くようです。帰宅して玄関から音が聞こえると、すごい不満そうな真顔で「でちでちでち」とやってきました。最近は走るようにもなってきて、カルガモのヒナから欽ちゃん走り期に移行してきています。

#1歳4ヵ月　#欽ちゃん走り　#でちでちでち　#真顔　#ヤキモチ

長男が折り紙で作ったてんとう虫。かなり気に入って遊んでいると、

兄のモノはいじりたい次男が手を伸ばし攻防戦に。

長男なりに、次男にさわらせてあげながらも守る方法を考えて遊んでいたのですが、

一瞬の隙に次男が握りつぶしてグシャグシャにし、泣きくずれました。

あまりに長男が不憫だったので泣きやむまで抱っこ。

すると「なんか楽しそうじゃん」的な感じで近づいてくる次男。

結果的に、なぜか円陣を組んでるみたいな図になりました。

#5歳
#1歳3ヵ月
#俺たちはーーー
#強い！！
#スラムダンク

近くの公園で、ボール遊びの合間にジャリの中から<mark>何度も秘宝を見つけては、悦に入っていました。</mark>

なんか見たことあると思ったら、「アーティスティック・ドラマー（P152）」の立っちバージョン。懐かしい。

成長した分、いっちょまえに<mark>クロスしている短い足</mark>に萌えております。

ただし、これが保育園の送り迎えの道中だったりすると、本当に困ります。

片道10分の道のりが永遠のように感じます…

#1歳4ヵ月
#ピッカーン
#獲ったどー
#太陽に透かして確認
#秘宝
#これぞ探し求めていた逸品
#数秒後
#投げる
#叱られる
#でちでち
#逃げる
#1日10回コース

次男のカゼがワタシにうつり、のどの痛みがあったのでマスクを装着してふとんに入ったところ…。

向こうを向いてご機嫌で遊んでいた、次男の振り返ったようすがこちら。

==赤子に二度見される==という、初めての経験をしました。

お互いに初めて見る顔にビックリだったね。

その後、号泣されたのは言うまでもなく。

「母さんだよ」と、マスクをはずしてみても泣きやまず。

==乳出したらようやく泣きやんで==、何事もなかったように近づいてきました。

つまり、あなたは母を乳でしか認識していないと…？

#7ヵ月
#顔認証ならぬ
#乳認証
#残念すぎる

ヒーロー体験の代償に移動手段を失った男

いいの？
コレいいの？

うれしすぎて拍手しちゃう

パチ パチ

別名 ずりばい防止装置

CHAPTER 9 駆け抜けた赤子時代〜永久保存版〜

長男がクリスマスプレゼントにもらったヒーローの変身ベルト。

何でもいっしょがいい次男ですが、やさしいお兄ちゃんでもさすがにコレは貸してくれません。

でも、ひとしきり楽しんだ長男から、ついに憧れの変身ベルトを貸してもらえることに！

おなかに巻いてもらってご満悦。思わず自分でも拍手しちゃうほど。

ただし、本人はまだ気がついていない残念な事実がひとつ。

おなかがつっかえて唯一の移動手段であるずりばいができなくなっています。

しばらくのあいだ、動いてほしくないときは変身ベルトを巻いておこうかな…。

#10ヵ月
#ヒーロー体験
#変身の代償は大きい
#人魚姫的な
#もう動けない

人気のぶちゃかわ猫さんに、次男の不満顔がそっくりなことに気づいてしまったワタシ。

ボールをわたすと完全に犬の動きなんですが、ごくたまにあれ、猫かな？と思わせるのがこのとき。

パーツがまん中にぎゅっと集まる表情を見るのが楽しみで、ついつい次男を怒らせてしまいます。

もともとでこちんで鼻ぺちゃで愛嬌のある（最大限のポジティブな表現）顔立ちの次男ですが、

不満なとき、眠いときなど、びっくりするほどエキゾチックな表情になるんです。

顔の構造どうなってるんだろう？

#1歳2ヵ月
#猫型次男
#エキゾチックショートヘア
#ぶちゃかわ
#これをエキゾチックな顔と呼ぶ
#私だけの流行語
#家族にも受け入れられない

うれしさややる気を表現する次男の動きがコミカル。おやつだ！と気づいたとき。いたずらが成功したとき。出るもん出たぜ！なときなどなど。正座して拳を握った腕をブンブン左右に振った勢いで転倒したりするのが、また笑いを誘います。

#1歳1ヵ月　#喜びはわかちあいたいのですが　#ゴミ箱の中身出されてたり
#テーブルの上のもの全部落とされてたり　#母はだいたい　#悲しいとき

ガチで叱られて反省してます顔（数秒）

一方、<mark>しょんぼりする</mark>とこんな顔。初めてガツンと叱られたときはビクッとしましたが、2回目以降は数秒この表情をしたら、<mark>顔を上げるとニコッ！</mark> 思わずこっちも頬がゆるみそうに…。<mark>愛され上手な下の子</mark>あるあるでした。

#1歳4ヵ月　#やっべ　#母ちゃん激おこ　#こんなときは　#反省顔　#しょんぼり顔
#反省したフリ　#完全になめられてる　#ちょろい女

tomekkoの絵日記ワンポイントレッスン

写真では残せない家族の表情やシーンを、絵日記にしてみませんか？

始める前に

・お気に入りのノートとペンを用意。
・気楽に続けやすい、1コマがおすすめ。

描きやすいペンを見つけてストレスフリーに → 手帳でもスケッチブックでも

Lesson1 顔を描いてみよう

うふふ〜♡

感情

強調　白目省略で黒目がちな赤ちゃんeyeに

表情やしぐさには性格をうまく取り入れて

- ●キャラクター化（強調と省略）
- ●実際に見えているより丸く、パーツはまん中に。
- ●内面も表情に入れる

Point! ママ、パパにしかわからない、わが子の特徴を見つけよう！

初めて描いたわが子

カメラで撮れなかったシーンを絵に描いてみたら…大正解‼

自分でこぼしたて大にまたって泣ぶその瞬間はそもそも無表情

（長男1歳ごろ）

そこで ←

ワタシが絵日記を始めたきっかけ

だいたいきょとんとしている

検証後

長男出産後、遠方の祖父母のために毎日大量の写真を送っていたが…いつも同じような顔ばかり…

よい表情や大事なシーンは撮り逃す‼

Lesson2 からだを描いてみよう

かの有名な
プ○パトーが
ぴちぴちで
着こなせなかった
ことから

- 基本3等身で子どもらしく
- 幼児までは首はないと思え
- 肩幅≒顔幅
- 性格や特徴を服装で表現しても◎

Lesson3 楽しく続けるアドバイス

- 慣れてきたら、これまでの育児で
  いちばんつらかったことや
  妄想シーンを描いてみて！
- 誰かに見てもらおう
  （深夜帰宅のパパへの
  置き手紙もおすすめです！）

写真には絶対
残せない親の
今の思いも
↓

いいね！
私だけじゃなかった！
元気出た！ありがとう

投稿への共感・応援が
続けるモチベーションに!!
※あと、身内の会話も写真だけの
ときよりも増えました！

年度末に退職して
使ってなかった
手帳
↓

ホロリ

だけじゃ
ナイ!!

大変だった事件も
楽しく変換して
スッキリ♪

次男出産後は
ほぼ日手帳に
1コマ絵日記と
して毎日SNSに
投稿するのが
楽しみに。

よかった
コト！

あとがき

絵日記をInstagramで公開し始めて数ヵ月後、同時期にいただいたママたちからのコメントを読んで、夜中に1人涙したことがありました。

「孤独な育児に鬱々としていたけど、久々に声を出して笑いました!」
「毎日の夜泣きで寝不足なのに、全部さかのぼって読んじゃった! 疲れが吹っ飛びました!」
「自分だけじゃないんだって思ったら元気が出た!」

わが家の些末な日常から生まれる絵日記を読んで、救われたと喜んでくれる人がいる。こんなワタシでも誰かの役に立っている。

子育ての同志や先輩からの声に、ワタシの方こそ励まされ、自信をもらった瞬間でした。

また明日も描こう、顔は見えなくても誰かの支えになれたらうれしいから、インスタを開いたらいつも笑顔になれますように…と。

育児記録をかねた趣味の絵日記は、いつのまにかワタシのライフワークに。そして、徐々に連載やお仕事のご依頼をいただくようになり、絵日記を始めて1年半。こうして本を出させていただけるまでになりました。

夢だった「絵を描く仕事」をかなえられたのは、毎日の投稿を楽しみにしてくださっているみなさまのおかげです。本当にありがとうございます。

絵日記の主役であるわが家の子どもたちには、思春期にめちゃくちゃ怒られるかな。でも、写真には残せない、おかしくてたまらなく愛おしい日々を、あなたたちはもちろん、将来のお嫁さんや孫たちにも見てもらいたくて描き残しています。

あなたたちの成長やいたずらやおしゃべりが、いつも誰かの笑顔や元気のもとになっていた、ということをいつの日か伝えられたらいいな。

そして、ネタにされても怒らず応援してくれている寛容な夫には、大好物のおにぎりに感謝をいっぱい詰めこんで握りたいと思います。

出版が決まると同時に第3子の妊娠発覚に驚きつつ、家事育児のサポートを惜しみなくしてくれた両家の親たちにも心からの感謝を。

最後になりますが、フォロワー数もまだ少ないころに見つけてくださり、牛歩なワタシのタイミングを気長に待ってくださった赤ちゃんとママ社の菊地さん、すてきなアイデアいっぱいのかわいい装丁に仕上げてくださったデザイナーの門松さん、そしてこの本の出版にかかわってくださった関係者のみなさま、本当にありがとうございました。

tomekko